JN046559

清ら星

伝統組踊の立方

はじめに

本書は2021年1月から約1年半、琉球新報芸能面で連載した写真企画「清ら星(ちゅらぼし)―伝統組踊の立方」を基に加筆、修正した写真集です。

連載には、組踊の継承発展はもとより、組踊が社会の潤いにもなってほしいという思いも込もっています。当時は新型コロナウイルス感染症の影響で、各種舞台活動のほか、日々の生活にも制限が続いていました。「観劇に行きたくても行けない組踊ファンや、懸命に過ごす人々の心を少しでも癒せるきっかけになれば」と、当時の芸能担当記者と事業担当が企画を進めました。第一線で活躍する中堅・若手の組踊立方の魅力が写真を通して伝わり、コロナ禍収束後に多くの県民の舞台鑑賞につながることを願いました。

写真撮影は舞台写真家の大城洋平氏に依頼し、監修は「組踊立方」人間国宝の宮城能鳳先生と伝統組踊保存会会長（21年1月当時）の眞境名正憲先生、親泊興照先生に務めていただきました。組踊の配役が重ならないように努め、連載には16人が登場しました（本書掲載は15人）。大城氏の写真は間近で鑑賞しているような迫力があり、舞台裏の様子や人柄が伝わる〝オフショット〟も読者から好評でした。

本書は、連載で掲載されなかった写真も盛り込み、後半の資料集では組踊の仕組みなどを図解で解説しています。また戦前戦後を支えた重鎮、1972年第一次認定から現在までの国指定重要無形文化財「組踊」（総合認定）保持者の皆さまを紹介しているほか、監修した宮城・眞境名両先生のインタビューを新たに収録しています。

初上演から300年以上となる伝統組踊は、保持者の先生方による後進の育成と調査研究のご尽力があり、現在に至る保存と継承、発展につながっております。連載に登場した立方の皆さまには、歴代保持者の先生方に追い付き、伝統芸能の発展を担う第一人者となることを期待いたします。

結びに、本書発刊に際し特別協賛を賜りました医療法人陽心会の高良健理事長をはじめ、連載を監修していただいた宮城能鳳先生、眞境名正憲先生、親泊興照先生、写真家の大城洋平氏、関係各位に心からお礼を申し上げます。本書を一人でも多くの方にご一読いただき、組踊に興味を持つ一助にしていただければ幸いです。

琉球新報社
代表取締役社長　普久原　均

目次〈清ら星　伝統組踊の立方〉 日付は『琉球新報』掲載日

1

『清ら星 伝統組踊の立方』

組踊「護佐丸敵討」（一名／二童敵討）。組踊の創始者玉城朝薫が作った五番の一つ。護佐丸の遺児・鶴松と亀千代兄弟が、父の敵のあまおへ＝阿麻和利＝を討つ物語。写真は最初の見どころ、あまおへの「七目付（ななみぢち）」。

「護佐丸も殺ち、なし子刈捨てて、すで子刈り捨てて、肝障りならぬ、道障りならぬ（護佐丸も殺し、その形見の子どもも殺し、その形見の子も殺し、何の気障りなく、邪魔する者もない）」の唱えと共に、大団扇と刀を手に大見えを切る。

「大胆に細心に。どの役でも言えるが、特に荒事をやるときは、強さだけでなく細やかさも大切に、強弱を付けるよう心掛けています」（玉城）

玉城盛義

たまぐすく・せいぎ

1966年那覇市生まれ。2011年に玉城流三代目家元として玉城盛義を襲名。玉城秀子、組踊を宮城能鳳に師事。国指定重要無形文化財「組踊」（総合認定）保持者。12年度（第67回）文化庁芸術祭賞舞踊部門優秀賞を、琉舞の男性舞踊家として初受賞。

組踊

「護佐丸敵討」より

あまおへ（阿麻和利）

「護佐丸敵討」より
あまおへ（阿麻和利）

「護佐丸敵討」

1719年に尚敬王冊封で披露された、最初の組踊作品。護佐丸の遺児鶴松、亀千代兄弟が仇敵のあまおへ（阿麻和利）を討つまでを描く。

「七目付」で威容を誇ったあまおへが後半、兄弟の美しい舞踊に骨抜きにされて見せる酔態に、思わず頬が緩む。中盤の兄弟と母との別れの場面も涙を誘う。

戦前・戦後を代表する実演家の一人、初代・宮城能造（1906〜89年）最後の弟子。４歳で能造に師事した当時「ナチブサー（泣き虫）」だった少年は、芥川賞作家の故・大城立裕が「作劇、演出にも傑出する」と記すほど多才な実演家に成長した。

これまでディズニー作品に着想を得た新作組踊や、伝統組踊の後日譚（たん）を描いた喜劇など数多くを創作し、大城作品の演出も任された。沖縄芝居でも二枚目から三枚目まで、幅広く演じる。

組踊の舞台では、伝統を重んじ、先師・先達が継いできた技の表現に尽くす。

嘉数道彦

かかず・みちひこ

1979年那覇市生まれ。83年に初代宮城能造に師事し、能造没後は宮城能里に師事。琉球芸能の実演家としての活動のほか、脚本、演出も手掛ける。2013年から22年3月まで、国立劇場おきなわ芸術監督。18年に第39回松尾芸能賞舞踊部門の新人賞。20年に琉球新報活動賞。

組踊「万歳敵討」より
謝名の子

「万歳敵討」より
謝名の子

「万歳敵討」

田里朝直作。1756年に尚穆王の冊封で初演したとされる敵討ち物。能「放下僧」の影響が見られる。

高平良御鎖に父を殺された謝名の子は、出家していた弟・慶運を説得し、共に復讐の旅路につく。その頃御鎖は、穢れを払うため、妻子を連れ小湾浜で浜下りをする。謝名の子たちは、万歳（旅芸人）姿に身をやつして、宴に興じる御鎖に近づき、思いを遂げる。

組踊は抑制された所作と、美麗な音楽や唱えで構成されることから「聴く演劇」ともいわれるが、面使い一つとってもさまざまな感情を表現し、視覚でも楽しませる。悪役を演じていても、どこか人間くささや人情味がにじみ出る。

父・宮城能史と母・宮城能之を師匠に、芸能一家で育ったが、反発した時期も。芸能と誠実に向き合ったのは、能史の死がきっかけだった。「せめて親の顔に泥を塗らないように努めよう」と心を改めた。舞台に立ち、舞台を見続け磨いた感性で、一線で活躍し続ける。

宇座仁一

うざ・じんいち

1975年那覇市生まれ。宮城能史と宮城能之に師事。組踊の最高傑作の一つ「大川敵討」の2018年の国立劇場おきなわ公演で、谷茶の按司を演じた。踊奉行役を演じる舞台「五月九月（ぐんぐぁちくんぐぁち）」が、19年度文化庁芸術祭の大衆芸能部門で大賞を受賞。国指定重要無形文化財「組踊」（総合認定）保持者

組踊「大川敵討」より
谷茶の按司

「大川敵討」より
谷茶の按司

「大川敵討」

久手堅親雲上作とされる。1838年・尚育王冊封で上演された。忠臣・村原の比屋らが、谷茶の按司に殺された主君・大川按司の敵討ちを果たす物語。上演時間2時間以上の大作で、乙樽がその美貌で谷茶の按司を手玉に取る「紀の場」や村原の比屋が戦いの配置を命じる「手配」、谷茶の按司との大立ち回りなど見どころも多く、組踊の最高傑作と言われる。

4

『清ら星 伝統組踊の立方』

眉目秀麗、舞台に出れば自然と視線が奪われる立ち方。一方で主張もし過ぎず、作品世界に静かにたたずむ謙虚さも併せ持つ。

4歳で琉球舞踊を始め、「理由が思いつかないくらい好き」と芸の世界にのめり込んだ。小学生から沖縄芝居で子役として活躍し、組踊には、国立劇場おきなわの開場記念公演で高校生のときに初出演した。

文学作品のように台本を楽しみ、行間を読んで役を作り上げる。芝居の舞台では、登場すれば拍手が起きる「花形」。柔和な素顔と対照的な、芸への鋭いこだわりがファンを魅了する。

金城真次

きんじょう・しんじ

1987年豊見城市生まれ。91年に谷田嘉子・金城美枝子に師事。県立芸大大学院音楽芸術研究科舞台芸術専攻琉球舞踊組踊専修修了。国立劇場おきなわ組踊研修修了生。2020年に県指定無形文化財「琉球歌劇」保持者に認定。22年4月に国立劇場おきなわの芸術監督に就任。

組踊「孝行之巻」より
おめけり

「孝行之巻」より
おめけり

「孝行之巻」

朝薫の五番の一つ。組踊の主題「忠孝節義」の精神を色濃く反映した作品。物語は、嘉手納町の屋良漏池に伝わる大蛇伝説に由来する。父を亡くし、貧しい生活を母と送るおめなりとおめけり姉弟は、大蛇を鎮めるためのいけにえを募る高札を見つける。高札には、いけにえになった者の家族の生活を保障するとあり、おめなりは自らを犠牲にする決心をする。

唱え（組踊のせりふ）にたけ、男役から女役まで幅広く演じ分ける。

父・二代目親泊興照の唱えを子守歌代わりに育つ。芸術全般に興味を持ち、19歳のとき知見を深めるため米国に留学。ジャズの町ニューオーリンズで、地元の子どものジャズ演奏を聞き、演奏の内に、彼らの魂に宿る歴史や思いに触れ「音楽が血から湧き出ている」と感じた。出会いは、自身に宿る「沖縄」と再び向き合うきっかけになった。

現在の唱えは抑揚が失われつつある、と危惧する。初代興照から父、自身へと口伝で受け継がれる唱えの継承に力を尽くす。

親泊 久玄

おやどまり・きゅうげん

1968年名護市生まれ。79年に二代目親泊興照に師事。2013年に親泊久玄を襲名した。親泊本流親扇会三代目家元。国指定重要無形文化財「組踊」（総合認定）保持者

組踊
「微行の巻」より
鮫川の按司

「微行の巻」より
鮫川の按司

「微行の巻」

明治期に創作されたと考えられている作品。

島尻の領主・鮫川の按司は、民の安寧を願い、身分を隠して領内の視察に出掛ける。道中、叔父の菊川の按司に、正当な跡継ぎにも関わらず家を追い出された虎千代と出会う。事情を聞いた鮫川の按司は、一芝居打ち、菊川の按司を懲らしめる。太刀で打ちかかる菊川をいなし、身分を明かす鮫川の振る舞いが痛快。

6

2015年に日本伝統文化振興財団賞を県内で初めて受賞した。同財団からは「沖縄伝統芸に向かう真摯（しんし）な姿勢は、芸の熟成を予感させ将来に大きな期待を抱かせる」と評された。

5人きょうだいの末っ子で、長男として生まれた。琉舞を踊る姉たちをまねる姿を見た母に連れられ、6歳で琉球舞踊を又吉世子に師事する。幼心に琉舞との出会いを運命的に感じていた少年は、特に女形で出色の才能を見せる実演家に成長した。洗練された所作や柔らかく温かな声色の唱えで、観客の心を震わせる。

佐辺良和

さなべ・よしかず

1980年那覇市生まれ。琉球舞踊世舞流二代目家元。86年に琉球舞踊世舞流の又吉世子初代家元に師事。県立芸大大学院音楽芸術研究科修了。国立劇場おきなわ組踊研修修了生。15年に第19回日本伝統文化振興財団賞を県内で初受賞。

組踊「雪払」より 思鶴

「雪払」より　思鶴

「雪払」

継子いじめを背景に親子の情愛を描いた作品。能「竹雪」の影響を受けたと考えられている。思鶴は、意地の悪い継母に家を追い出され、雪の中着るものもないまま、庭の掃除を命じられる。それでも、思鶴は継母への孝を貫く。

恩河本小禄御殿本、今帰仁御殿本、宇栄原本、異名同作とされる「伊祖の子組」など、複数の台本が見つかっている。

黙しているときは舞台に溶け込み、せりふを発すれば、特に男性の役柄の唱え・男吟で聴き心地の良い美声を響かせる。力まず自然な振る舞いが魅力の立方。

中学生のときに玉城千枝に師事。当時は男性が琉舞をやることに、同級生からからかわれることもあった。「好きなことをやって悪いのか」と芸能にのめり込み、琉球古典芸能コンクールでは最短年数で「最高賞」まで合格した。

理想の立方に初代玉城盛義や宮城能造の名前を挙げ「飾らず、うちなーんちゅらしさが出せる立方を目指したい」と精進を誓う。

石川 直也

いしかわ・なおや

1973年浦添市生まれ。86年に玉城千枝に師事。組踊を宮城能鳳に師事。96年に県立芸大を卒業し、同年に琉舞道場を開設した。2020年に玉城流てだ也の会会主。国指定重要無形文化財「組踊」（総合認定）保持者

組踊「花売の縁」より　森川の子

「花売の縁」より 森川の子

「花売の縁」

　高宮城親雲上（生没年不詳）作とされる。乙樽は子の鶴松と、行方不明の夫・森川の子を捜す旅に出る。やがて薪取りの老人に夫の消息を聞き、花売りとなった森川の子と再会する。

　同作は、終戦の1945年12月に石川市（現うるま市）の城前初等学校で催されたクリスマス演芸大会でも上演された。親子や夫婦の情愛、再会を描いた物語が、特に観衆の涙を誘った。

8

『清ら星　伝統組踊の立方』

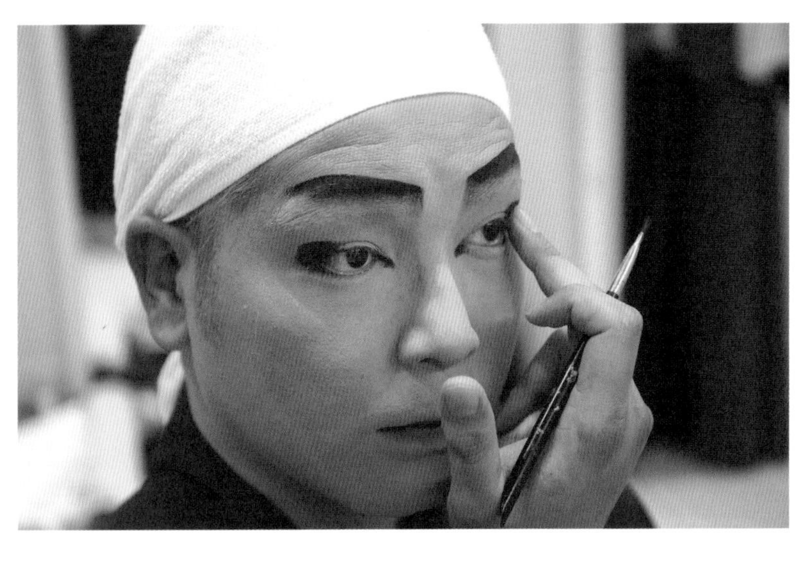

180センチ近い身長と、がっしりとした体格が目を引く宮古島出身の立方。

母方の叔母・亀浜律子（琉球舞踊穂花会家元）の下で幼少時から、琉球舞踊に親しんできた。

南風原高校郷土芸能部に入り、「執心鐘入」の台本に触れて組踊に興味を抱く。芸大進学後、国立劇場おきなわの第一期組踊研修を修了。13年には、坂東玉三郎主演の新作組踊で相手役の士族に抜てきされた。

「村原の比屋」など男役の大役も経験。「体格を生かして、人より良いものを観客に届けたい」と、持ち味の研さんに努める。

川満　香多

かわみつ・こうた

1984年宮古島市（旧平良市）生まれ。亀浜律子に師事。国立劇場おきなわ組踊研修の第一期研修生として2008年に研修修了。10年に県立芸大大学院修了。琉球舞踊穂花会師範。

組踊「執心鐘入」より　座主

「執心鐘入」より
座主

「執心鐘入」

朝薫の五番の一つ。能の「道成寺」の影響を受けたとされる。美丈夫で知られる中城若松にほれた宿の女が、若松への思いが高じて鬼女となるが、最後は寺の座主に鎮められる物語。

序盤に、若松に恋を仕掛ける宿の女が描かれ、中盤は3人の小僧による軽妙な会話が笑いを誘う。最後は座主が、鬼女へと変貌した宿の女を法力で鎮め、執心の持つ哀れみが描かれる。

5歳から安座間本流宮扇恵美の会の屋宜恵美子に師事し、6歳で組踊「花売の縁」に猿役で出演した。縁に恵まれ、中学の総合学習では人間国宝の宮城能鳳の指導の下、「手水の縁」（抜粋）で玉津を演じた。

中学2年の時、国選定保存技術「結髪」保持者の故・小波則夫の講話を手伝い、素早く丁寧に髪を結い上げる姿に魅了された。琉球古典芸能コンクール最高賞合格を機に弟子入り。現在は、小波の後を継ぎ、国立劇場の組踊研修で「舞台扮装」の講師を務める。

美しく仕上げた立ち姿が煌めく。見目にも心にも品位を求め、精進の日々を送る。

田口博章

たぐち・ひろあき

1986年中城村生まれ。92年に舞踊を屋宜恵美子に師事。2007年に結髪を小波則夫に師事。11年に県立芸大大学院修了、国立劇場おきなわ組踊研修の第二期研修生修了。安座間本流宮扇恵美の会師範。小波流琉球きからじ結師範。

組踊「手水の縁」より
山戸

「手水の縁」より 山戸

「手水の縁」

平敷屋朝敏作とされる。初演不明。1866年の尚泰王冊封で上演。山戸は、川で髪を洗う玉津に一目ぼれし、男女が縁を結ぶことを意味する「手水」を飲ませて、とせがむ。玉津は応じ、二人は恋に落ち、密会する。密会を父に知られた玉津は、父の家臣に処刑されかけるが、山戸が駆け付け、命掛けで止めようとする。家臣は山戸の姿に心打たれて、２人を逃がす。

10

『清ら星　伝統組踊の立方』

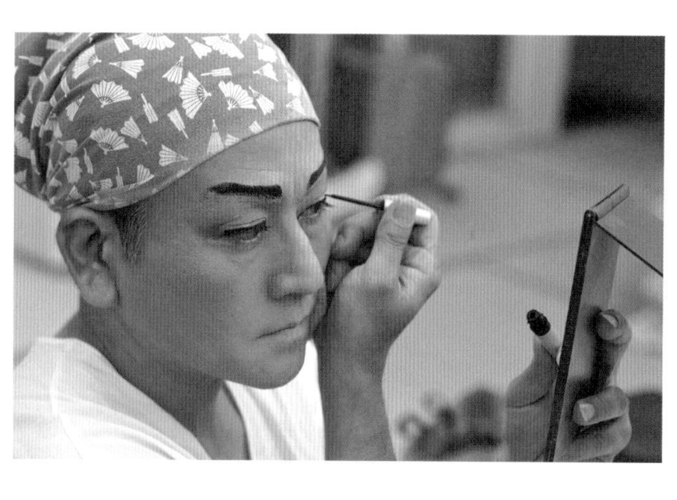

父は、初代玉城盛義に師事し、眞境名由康稽古場にも出入りした組踊の名優・平田行正。舞台上の振る舞いから、道具製作まで多岐にわたり教わった。行正と真喜志康忠、宇根伸三郎、金城清一らが、盛義の技の伝承などを目的に立ち上げた「玉賜会」で技を磨き、太鼓と組踊道具製作を島袋光史に学ぶなど、多くの芸能家に薫陶を受けた。

伝統を守る使命と向き合い、重要無形文化財「組踊」保持者になった今でも、先輩に話を聞き、過去の公演映像を見て先達の芸を研究し続ける。

場面の意味や役柄を考え、時に共演者と話し合い舞台に立つ。立ち姿にも芸への真正直な姿勢がにじむ。

平田智之

ひらた・ともゆき

1973年糸満市生まれ。玉城流琉扇會二代目家元。76年に平田行正に師事。86年、光史太鼓の会（現・光史流太鼓・島袋光史練場）に入門。県立芸大大学院修了。組踊道具製作修理技術者。国指定重要無形文化財「組踊」（総合認定）保持者。

組踊
「義臣物語」より
国吉の比屋

「義臣物語」より
国吉の比屋

「義臣物語」

田里朝直作。1756年の冊封で初演されたとされる。酒色に溺れる高嶺按司は、忠臣・国吉の比屋の言葉を聞き入れず、鮫川の按司に討たれる。国吉の比屋は、難を逃れた若按司とおめなりを捜し出し、深夜、カンテラ（携帯用の照明）を手に、鮫川の城に忍び込み、火攻めを仕掛けるが捕まる。忠臣の義心に心打たれた鮫川は、国吉の比屋に君家の再興を約束する。

11

『清ら星　伝統組踊の立方』

舞台で時折のぞかせる優しいまなざしが、温和な人柄を感じさせる。

幼少時、両親が共働きであったため祖父母と多くの時間を過ごした。周りの大人が喜ぶのがうれしくて、舞踊のまね事から芸の道に入った。舞踊を習うことがかなわなかった代わりに、見ることに専念し、中学生のころには新聞で毎月公演情報を確認し、好きな舞踊家の舞台を見に行くようになった。

高校時代に縁あって、若い舞踊家を対象に立方を育成する「若松会」に参加し、かつて舞台を追いかけた宮城能鳳と出会う。あふれる気持ちを抑えきれず師事。憧れだった世界にいる喜びと、感謝を胸に舞台を務める。

新垣　悟

あらかき・さとる

1975年南風原町生まれ。89年福峯衆司に三線を師事。93年に宮城能鳳に師事。98年県立芸大卒業。2021年宮城本流鳳乃會師範。15年から「南上原組踊塾・南上原子ども組踊塾」講師。

組踊「銘苅子」より 天女

「銘苅子」より
天女

「銘苅子」

朝薫の五番の一つ。沖縄県内各地にある羽衣伝説より、那覇市銘苅のシグルクガーに伝わる伝説が由来とされる。母子の情愛を描いた作品。農夫の銘苅子が、髪を洗うため川に降りてきた天女の羽衣を隠す。天に帰れなくなった天女は、銘苅子との間に二人の子をもうける。やがて子が歌う子守歌から、羽衣の隠し場所を知った天女は、愛しい我が子と別れるつらさを押し殺し、天へと昇っていく。

1988年に琉球舞踊宮城流宮城能葵（現二代目宮城能造）に師事。師にいざなわれて組踊を始めた。伝統組踊保存会の稽古にも小学生の頃から参加し、保存会の20周年記念公演にも出演した。保存会では、稽古場に誰よりも早く行き、道具やお茶を準備した。復帰前後から組踊の再興に尽くしてきた先輩たちの背中からも、芸を盗んだ。

沖縄国際大学大学院を修了後、1年間京都に住み、能と上方舞を学ぶ。伝統芸能の心と技、道具に込められた思いを通し、伝統文化へ理解を深めた。

考え方と所作の双方に芯があり、話術にも定評がある。若衆や女役の印象が強いが、滑稽な役を楽しんで演じる一面も持つ。ユーモアも備えた多才な立ち方。

宮城茂雄

みやぎ・しげお

1982年生まれ。那覇市出身。88年に2代目宮城能造に師事。96年に伝統組踊保存会第一期研修生。2006年沖縄国際大学大学院地域文化研究科南島文化専攻修了。15年に宮城流師範。沖縄国際大学、沖縄女子短期大学非常勤講師。

組踊
「伏山敵討」より
棚原の若按司

「伏山敵討」より
棚原の若按司

「伏山敵討」

作者、創作年共に不詳。村踊りで最も多くの地域で上演されている人気作。題名は、富盛大主が若按司と再会したときのセリフ「野に伏し山に伏し」が由来。

忠臣・富盛大主は、主君・棚原按司を天願の按司に滅ぼされる。落ち延びた富盛大主は、棚原の若按司とあだ討ちを果たす。

若按司が見せる長刀の舞、豪傑・富盛大主の立ち回りが勇ましい。

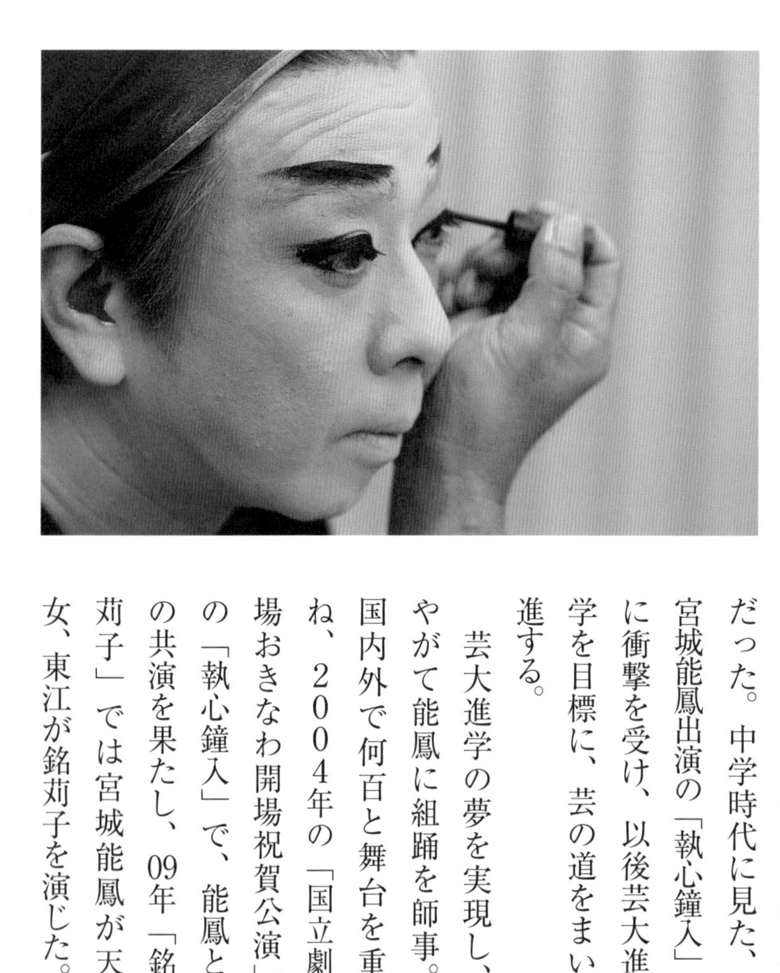

古典から新作まで、天衣無縫な芸で観客を作品の世界へといざなう立方。

小学2年生のとき、母に連れられて玉城靜江に師事。その日見た舞踊を、家で踊ってみせる非凡な子だった。中学時代に見た、宮城能鳳出演の「執心鐘入」に衝撃を受け、以後芸大進学を目標に、芸の道をまい進する。

芸大進学の夢を実現し、やがて能鳳に組踊を師事。国内外で何百と舞台を重ね、2004年の「国立劇場おきなわ開場祝賀公演」の「執心鐘入」で、能鳳との共演を果たし、09年「銘苅子」では宮城能鳳が天女、東江が銘苅子を演じた。

「常に学びがあることが楽しくて、舞台に立ち続けている。その繰り返しの先に、お客さんを感動させられる表現者になれることを願う」（東江）

東江裕吉

あがりえ・ゆうきち

1975年生まれ。宜野湾市出身。83年に玉城流玉扇福珠会の玉城靜江会主に師事。99年県立芸術大学大学院音楽芸術研究科舞台芸術専修修了。組踊を宮城能鳳らに師事。2008年より玉城流玉扇会師範。

組踊「銘苅子」より
銘苅子

「銘苅子」より
銘苅子

「銘苅子」

朝薫の五番の一つ。沖縄県内各地にある羽衣伝説より、那覇市銘苅のシグルクガーに伝わる伝説が由来とされる。母子の情愛を描いた作品。農夫の銘苅子が、髪を洗うため川に降りてきた天女の羽衣を隠す。天に帰れなくなった天女は、銘苅子との間に二人の子をもうける。やがて子が歌う子守歌から、羽衣の隠し場所を知った天女は、愛しい我が子と別れるつらさを押し殺し、天へと昇っていく。

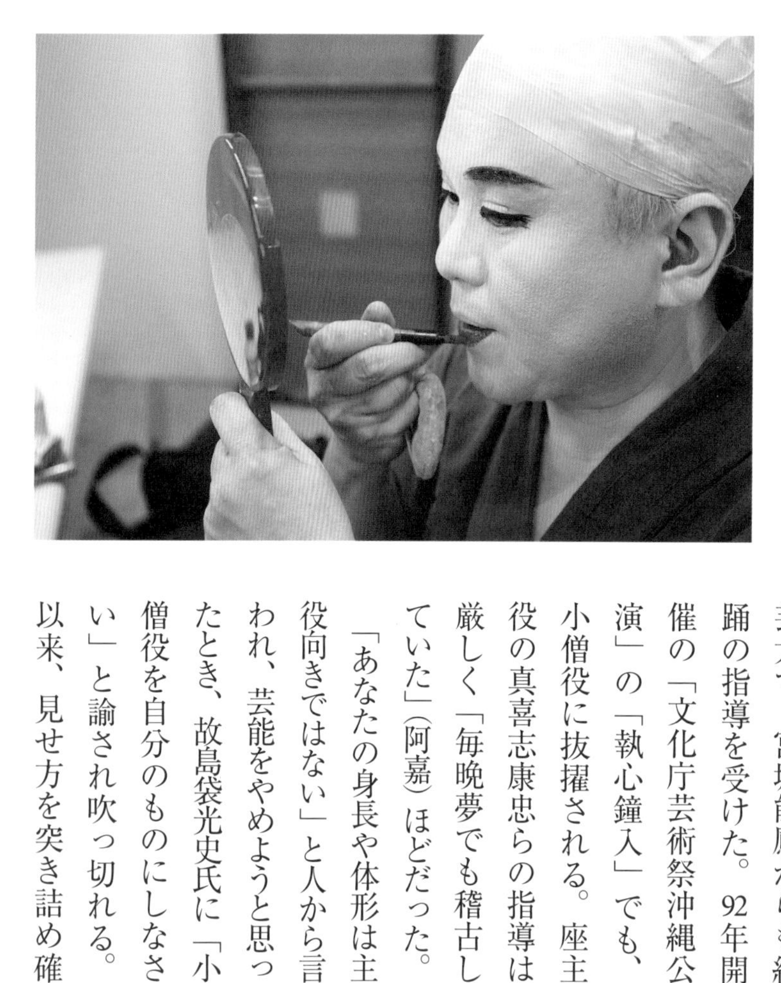

高校1年で玉城流翠扇会金城清一琉舞道場に入門。玉賜会の組踊「執心鐘入」

にお調子者の小僧役で出演し、組踊の初舞台を踏む。1991年に進学した県立芸大で、宮城能鳳からも組踊の指導を受けた。92年開催の「文化庁芸術祭沖縄公演」の「執心鐘入」でも、小僧役に抜擢される。座主役の真喜志康忠らの指導は厳しく「毎晩夢でも稽古していた」(阿嘉)ほどだった。

「あなたの身長や体形は主役向きではない」と人から言われ、芸能をやめようと思ったとき、故島袋光史氏に「小僧役を自分のものにしなさい」と諭され吹っ切れる。以来、見せ方を突き詰め確固たる立ち位置を確立した。

今や舞台に姿を見せるだけで観客の心を浮き立たせる、当代の組踊立方きってのエンターテイナー。化粧と所作で男役にも女役にも、しかとはまる。

阿嘉　修

あか・おさむ

1972年生まれ。沖縄市出身。89年に玉城流翠扇会の金城清一家元に師事。2004年より玉城流翠扇会師範。県立芸術大学大学院修了。県立芸大音楽学部音楽学科琉球芸能専攻琉球舞踊組踊コース准教授。

組踊「執心鐘入」より 小僧

「執心鐘入」より　小僧

「執心鐘入」

朝薫の五番の一つ。能の「道成寺」の影響を受けたとされる。美丈夫で知られる中城若松にほれた宿の女が、若松への思いが高じて鬼女となるが、最後は寺の座主に鎮められる物語。

序盤に、若松に恋を仕掛ける宿の女が描かれ、中盤は3人の小僧による軽妙な会話が笑いを誘う。最後は座主が、鬼女へと変貌した宿の女を法力で鎮め、執心の持つ哀れみが描かれる。

組踊との出会いは高校1年、出身地八重瀬町志多伯で行われた豊年祭だった。「忠臣身替の巻」の亀千代役を演じることになり、隣に住むおじいから指導を受けた。地域の伝統芸能を伝えるおじいの格好良さに憧れ、芸の道を歩むことを決意。地元の岸本正子琉舞研究所に入門した。新聞配達をして自分で月謝や道具代を稼ぎ、芸を磨く。

岸本の紹介で、眞境名正憲に組踊を師事。組踊保存会の伝承者として、屋嘉比清、島袋光史ら、戦後の芸能界を支えた重鎮らからも芸を学んだ。

幼少時から続ける空手は6段。高校3年生のときには、琉球音楽に空手とサイ、ヌンチャクを組み合わせた「武の舞」を創作した。鍛錬された心身に、原点である地域の芸能への愛の炎を宿し舞台に立つ。

神谷 武史

かみや・たけふみ

1975年生まれ。八重瀬町出身。琉球舞踊を玉城流七扇正乃会岸本正子氏、組踊を眞境名正憲氏に師事。県立芸術大学卒業後、八重瀬町役場勤務を経て、2018年から県立芸大音楽学部音楽文化専攻講師。空手6段（全沖縄小林流空手道協会）。

組踊「女物狂」より 盗人

「女物狂」より 盗人

「女物狂」

朝薫の五番の一つ。能「隅田川」の影響が見られる。母と暮らす男児が、人盗人（人さらい）に連れて行かれる。盗人は、男児を売りに行く道中、一晩の宿を借りた寺で、座主たちに成敗される。愛息を失った母は狂乱の体だったが、息子と再会し、正気を取り戻す。

盗人は人形を手に男児を誘惑したり、鎌で脅したりしたかと思えば、うその手配書から逃れようと千変万化の表情を見せる。

資料編

＊組踊の仕組み

＊戦前戦後支えた重鎮たち

＊現存する古典組踊　新作組踊

〈インタビュー〉

宮城能鳳氏、眞境名正憲氏（聞き手・藤村謙吾）

＊国指定重要無形文化財「組踊」（総合認定）保持者一覧

1972年5月15日の第一次認定から2022年度認定までの歴代保持者

※2015年以降の保持者紹介は、『琉球新報』掲載記事より

＊琉球新報編『ユネスコ無形文化遺産登録　世界の至宝 組踊』（2011年刊）より転載

組踊の仕組み

音楽、唱え（せりふ）、踊りからなる組踊の仕組みについてイラストレーターの漢那瑠美子さんが漫画で分かりやすく紹介する。

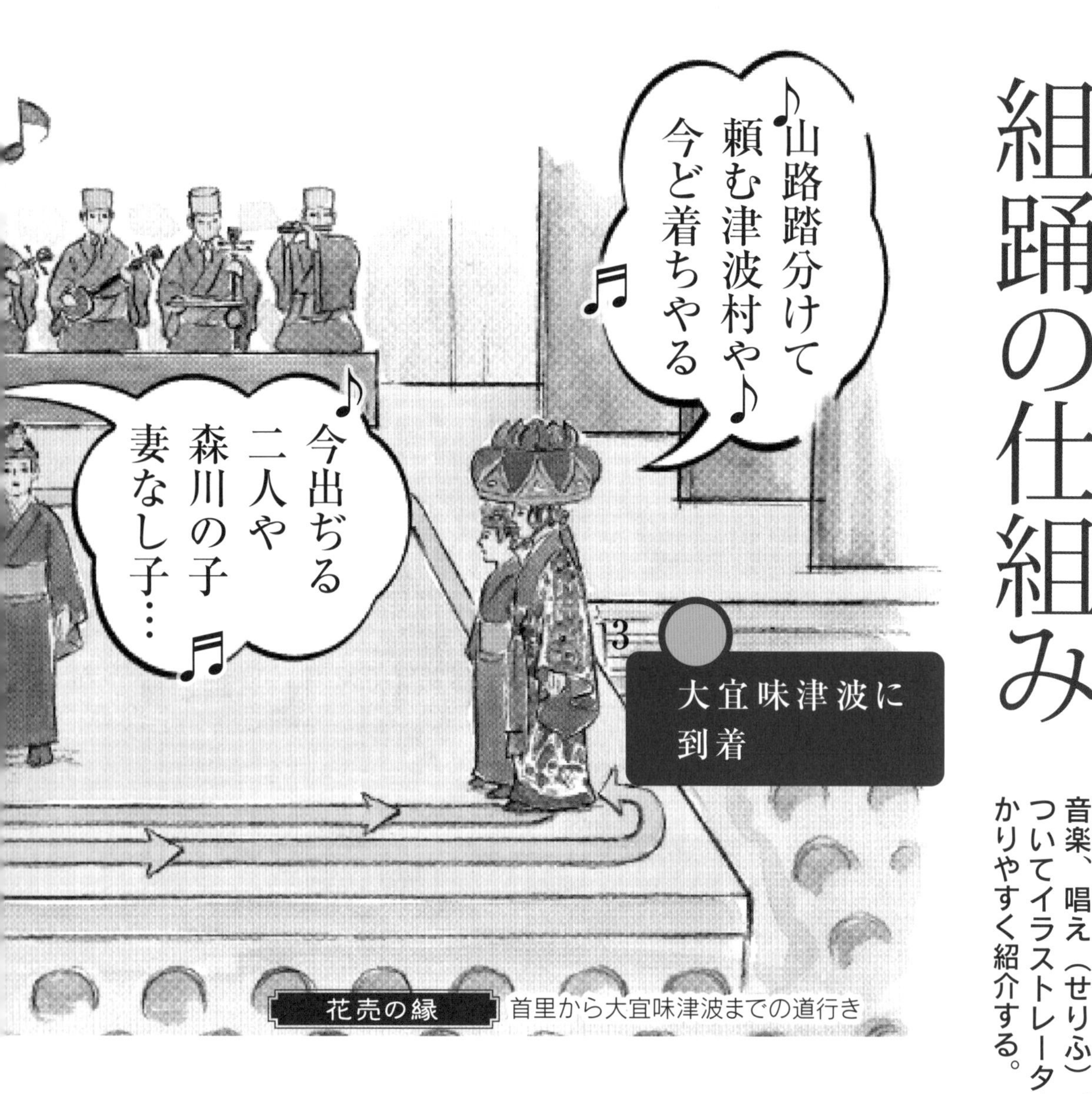

【舞台の使い方の例】

組踊は、登場人物が最初に自己紹介と今後の予定を説明する。舞台を一周することで長い距離を移動したことを意味する。例えばイラストにある組踊「花売の縁」では首里士族・森川の子を探す妻の乙樽と子・鶴松が道行き（旅立ち）のスタイルで登場し、中央に出て自己紹介と今後の予定を説明した後、首里から沖縄本島北部の大宜味へ向かう。舞台を一周することで大宜味に到着したことになり、「今ど着ちゃる」（今、着いた）とせりふで説明する。

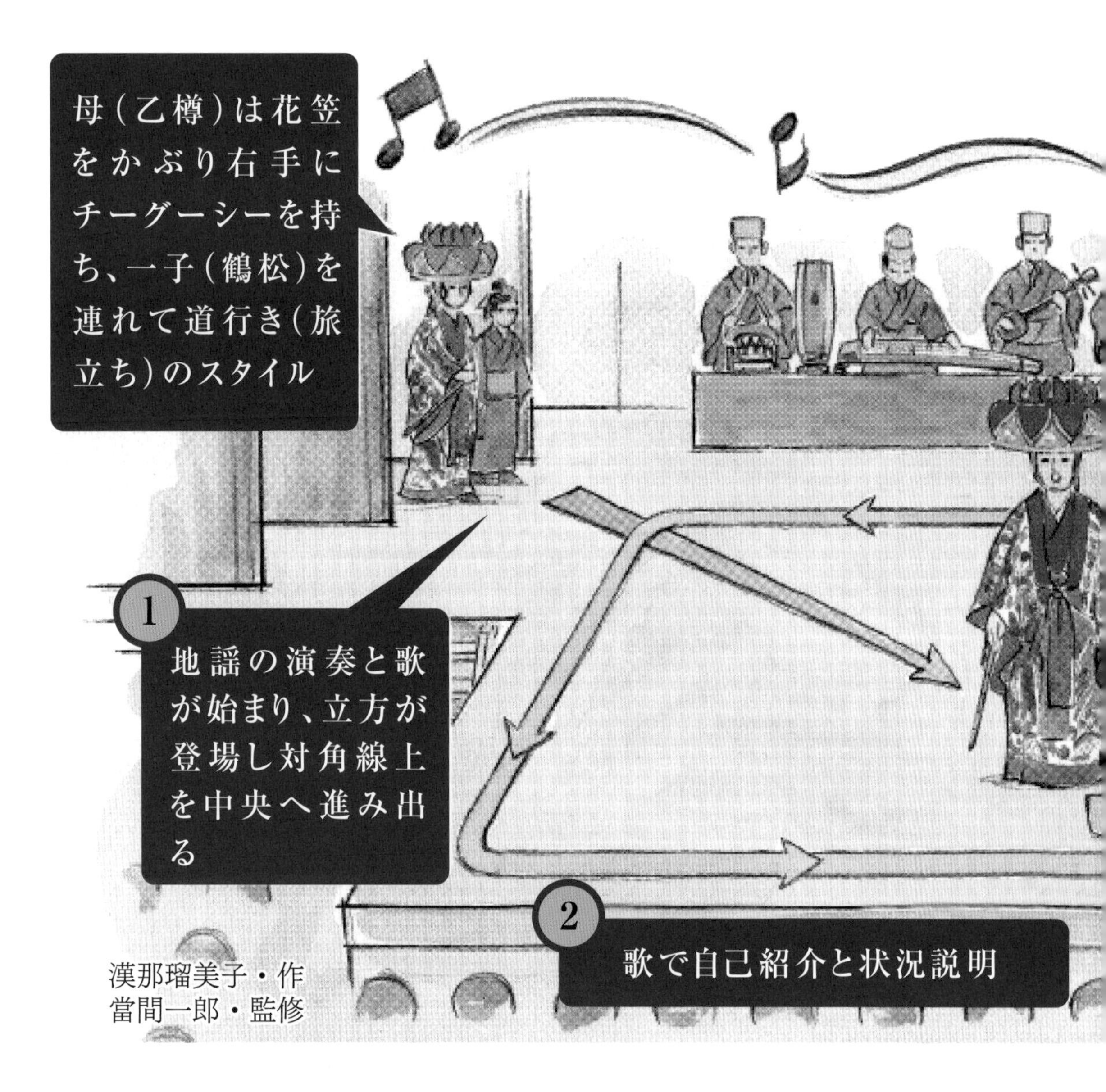

組踊で使用される小道具や衣装など。国から「組踊道具・衣裳製作修理」が重要無形文化財の選定保存技術に選定されている。

唱え

琉歌のリズム 役柄でも違い

八・八・八・六調で、独特の抑揚を付けた組踊の唱え

組踊の唱え（せりふ）は琉歌と同じように八八八六調のリズムで唱えられる。

音律の中に七・五調を挿入することでリズムを持たせる。性別や身分階級、年齢など役柄によっても唱え方が違う。

男性の唱え方には①按司吟（あじじん）②大主吟（うふぬしじん）③若按司吟④子吟（しぃじん）⑤間の者吟（まるむんじん）の五つがある。女性には母親・女吟（ふぁふぁうや・うんなじん）②若衆吟（わかしゅじん）③童吟（わらびじん）の三つがある。

近年の舞台では唱えの違いを的確に出せていない例も指摘され課題となっている。

立方の心情や場面の状況描写を音曲で表現する地謡

音楽

心情を的確に表現

組踊の中で地謡が奏でる音楽は、立方の心情を的確に表現する。組踊は見に行くのではなく「チチガイチュン（聴きに行く）」とよく言われるほど、音楽は重要視される。地謡は歌三線、箏、胡弓、笛、太鼓で構成する。道行きに「金武節」「口説」、別れを惜しむ場面の「散山節」、再会の喜びなど感極まった心情を「東江節」の下句の部分で「アーキー」が使用される。せりふが終わりきらないうちにせりふにかぶせて歌い出す技法「仮名掛け」も重要なポイント。組踊の音楽は前奏が無い。その中で仮名掛けを歌い出すため、技術がしっかりしていなければ、音程をはずしてしまう。タイミングが難しい。

踊り

物語の重要な要素

組踊における所作は踊りが基本となった動きになっている。音楽に合わせた踊りを取り入れることで緊迫感をもたらしたり、うれしさを表現したりと物語の中で重要な要素となる。例えば「二童敵討」や「万歳敵討」などでは踊りを披露しながら油断させて敵へ近づき、親のかたきを討つ場面へとつながっていく。かたきを討った後の最後の場面では、うれしさを踊りで表現する。

踊りを見せて敵を油断させよう

謝名の子

慶雲

高平良御鎖

万歳敵討

大川敵討

踊りを基本とした場面に合わせた最小限の所作で物語を描く立方

戦前戦後支えた重鎮たち

舞台照らした光
超えた歴史の波

沖縄戦で文化・社会に大きな打撃を受けた沖縄では、多くの重鎮たちが組踊など伝統芸能の復興に力を尽くした。こうした先達の努力があってこそ、玉城朝薫の時代に始まった組踊が現代までつながっている。１９７２年に国指定重要無形文化財「組踊」保持者に認定された立方５人と、認定は確実視されながら、前年に亡くなった玉城盛義氏について紹介する。

（敬称略）

宮城 能造

みやぎ・のうぞう

1906年、那覇市首里生まれ。6歳で「仲毛芝居」に入り、玉城盛重、新垣松含に師事。組踊から歌劇まで長きにわたって「沖縄最後の女形」と称賛された。親泊興照との「島尻天川」は高評価を受ける。

32年、真境名由康に招かれ「珊瑚(さんご)座」設立。幹部役者兼経営者として活躍、儀保松男から演技指導を受けて人気役者となった。戦後は官営3劇団の一つ竹劇団（平良良勝団長）の副団長に就任。琉球舞踊研究所を開設した。89年没。

金武 良章

きん・りょうしょう

1908年、那覇市首里生まれ。幼少のころから父・金武良仁の指導で組踊を習得。読谷山親雲上ら、寅(とら)の御冠船の流れをくむ師匠たちに指導を受けて王朝芸能の流れを守り伝えた最後の1人。73年から「組踊の夕」を毎年定期的に開催し、後継者育成に尽力。多くの指導者を輩出した。

伝統に根差した舞踊組踊も多く、主な作品に「赤田風」「首里節」などがある。著書に「御冠船夜話」。93年没。

島袋 光裕

しまぶくろ・こうゆう

1893年、那覇市東村（現東町）生まれ。早稲田大学中退。新聞記者を経て、渡嘉敷守良氏の主宰する劇団「球陽座」に入団。1932年「珊瑚座」に参加。同年には玉城盛重氏に師事し組踊を学ぶ。

46年に設立した官営の松劇団で劇団長に就任。56年、後に「紫の会」と名付ける琉舞道場を創設。本土復帰の日に国指定の重要無形文化財保持者に指定。死後「島袋光裕芸術文化賞」が創設されている。87年没。

親泊 興照

おやどまり・こうしょう

1897年、那覇市泊生まれ。那覇市の「中座」で玉城盛重らから舞踊を学んだ。戦前、戦後を通して組踊、舞踊の達人として知られた。舞踊、歌劇、組踊などこなし、女形として人気を集めた。1932年、真境名由康らと「珊瑚座」を創設。代表作に歌劇「中城情話」。沖縄演劇界の人気役者となった。戦後は松劇団に入り、島袋光裕らと活躍。57年名護市に舞踊道場を開設し、北部に「興照芸」の基盤を築いた。86年没。

真境名由康

まじきな・ゆうこう

1888年、那覇市首里生まれ。1907年沖縄座に入座。沖縄芝居で中心的な役割を果たす。戦後は創作の舞踊や組踊の指導にも力を入れ復興に努めた。

代表作に歌劇「伊江島ハンドー小」、組踊「人盗人」「雪払い」、舞踊「糸満乙女」など。世間から「シバイシー」と呼ばれた役者の地位向上に尽力した。32年那覇市の西新町に劇団「珊瑚座」設立。疎開先の大分から戻り、65年に琉球組踊保存会を設立。82年没。

玉城 盛義

たまぐすく・せいぎ

1889年、那覇市旧下泉町生まれ。6歳で那覇市の「仲毛芝居」の初舞台に立ち、17歳で叔父の玉城盛重から組踊の指導を受ける。一方で辻の遊女らに琉球舞踊を教え、「玉城のターリー（だんなさま）」と慕われた。戦後初めて琉球舞踊のけいこ所を開設し、復興に貢献。1945年の12月にうるま市石川で開かれた「クリスマス演芸大会」に出演し、梅劇団（伊良波尹吉団長）の副団長として南部地区を回って慰問した。71年没。

現存する古典組踊

演目一覧表（1719年〜明治初期）

【玉城朝薫】
- 二重敵討
- 執心鐘入
- 銘苅子
- 女物狂
- 孝行の巻

【平敷屋朝敏】
- 手水の縁

【田里朝直】
- 万歳敵討
- 義臣物語
- 大城崩
- 北山崩
- 未生の縁
- 月の豊多
- 身替忠女

【高宮城親雲上】
- 花売の縁

【平敷親雲上】
- 巡見官

【久手堅親雲上】
- 大川敵討（忠孝婦人）

【徳嶺親雲上】
- 束辺名夜討

【辺土名親雲上】
- 忠臣身替の巻

【作者不明】
- 姉妹敵討
- 久志の若按司
- 伏山敵討
- 忠臣護佐丸
- 矢蔵の比屋
- 二山和睦
- 忠臣反間の巻
- 北山敵討（本部大主）
- 多田名大主
- 忠臣仲宗根豊見親組
- 高山敵討
- 忠孝敵討
- 具志川大軍
- 忠孝夫婦忠義
- 探義伝敵討
- 聟取敵打
- 父子忠臣の巻
- 孝行竹寿の巻
- 辺戸の大主
- 雪払（京都大学文学部博物館本）
- 雪払（今帰仁御殿本・恩河小禄御殿本）
- 賢母三遷の巻
- 孝女布晒
- 貞孝婦人
- 崎原の按司
- 西南敵討
- 大南山
- 久良葉大主
- 本部大腹
- 屋慶名大主敵討
- 糸納敵討
- 勝連の組
- 志慶真父子
- 操義伝（北山操義伝）
- 花城金松
- 忠臣蔵
- 鏡の割
- 仲村渠真嘉戸
- 大城大軍
- 忠臣義勇
- 微行の巻
- 奇縁の巻
- 阿波根
- 夫婦縁組の巻
- 雪払（那覇市宇栄原本）
- 高那敵討
- 黄金の羽釜・里川の子

新作組踊

（作品名のあとのカッコは制作年）

【玉城盛義】
- 犬太郎と王女（1960年）
- 中城落城（1961年）
- 百登踏揚・勝連くだりの巻（1962年）
- 普天間権現（同）
- 伊江島の遺念（1963年）

【島袋光裕】
- 落胤（1962年）
- 月の夜の姫の物語（1963年）

【宮城美能留】
- もどろ見ゆ華の命（1984年、初演の演目は「落城・勝連城」）

【大城立裕】
- 真珠道（2004年）
- 遁ぎれ、結婚（2005年）
- 山原船（2006年）
- 海の天境（同）
- さかさま「執心鐘入」（2009年）
- 悲愁トゥバラーマ（同）
- 今帰仁落城（2010年）
- 花の幻（同）
- 歌合戦 恩納ナベと吉屋ツル（2005年）
- サシバの契り
- いとしや、ケンムン〈奄美〉
- 羅針盤由来記〈糸満〉
- 龍潭伝〈首里〉
- 君南風の恋〈久米島〉
- ハブの祝祭〈やんばる〉
- 異本 銘苅子
- 愛よ、海をわたれ
- 真北風が吹けば
- 対馬丸
- 名護情話—外伝 白い煙と黒い煙
- 花よ、とこしえに

承 次代へ

先生に組踊との出会いや継承する上で大切にすべきことを聞いた。

（聞き手・藤村 謙吾）

宮城能鳳氏
みやぎ・のうほう

1953年、玉城源造、62年に宮城能造に組踊、琉球舞踊を師事。86年重要無形文化財「組踊」保持者（総合認定）、2006年重要無形文化財「組踊立方」保持者（各個認定）＝人間国宝、09年重要無形文化財「琉球舞踊」保持者（総合認定）

―1990年から沖縄県立芸大で伝統芸能を教え、現在は同大学の名誉教授でいらっしゃいます。当時の思い出をお聞かせください。

最高学府で伝統芸能の教べんを執るとは思いもよらないことでしたので、お話を頂いたときは、夢ではないかと驚きました。前例もなく、範例もない。大いに悩み、返事にも時間がかかりました。

ただ踊るだけではなく、理論付け、歌の意味や文化的背景を教えるなど、大学ならではの授業をしないといけません。学生の所属する流会派もさまざまでしたので、私の流派の手を押し付けるわけにはいかない。私自身も、なお勉強し直し、「こんな型もある」と複数の流派の所作を例に出して教えました。

探究心旺盛な学生ばかりだったので、授業も随分にぎわいがありました。

―2005年からは、前年に開場した国立劇場おきなわで組踊研修生を指導されています。

芸大はクラス授業で全員一緒に進めますが、組踊研修は個人レッスンに近い形で指導をします。研修生には「玉城朝薫の五番」と「花売の縁」における、全ての役柄を習得させます。芸大と掛け持ちで学ぶ者も多く、将来が楽しみです。

―あらためて琉球芸能、中でも組踊はご自身にとってどういうものでしょうか。

組踊は日本を代表する伝統芸能として認められた、大和芸能に劣らない芸能です。「玉城朝薫の五番」は、「能の五組（いつくみ）」としばしば比較上演されてきました。これらの舞台を見るにつけて、あらためて組踊はすばらしい楽劇だと実感します。

組踊は沖縄人の肝心であり、沖縄芸能文化の全てであり、世界に誇る宝物です。

―今後、組踊の担い手がその継承のために大切にすべきことをご助言ください。

現在の実演家の活躍ぶりは、目を見張るものがあります。一方で、多様な舞台に出演するあまり、組踊の基礎がおろそかになっている点、気がかりです。

うちなーぐちと琉球古典語は違いますし、古典の唱えは沖縄芝居のつらねと同じようにはいきません。組踊の演技は、感情過多にならず、身体表現においてもオーバーアクションにならずに自然体であることが求められます。

「古典楽劇組踊とは、どのようなものか」。私ども実演家は今一度初心に立ち返る必要があります。そのためにも常に先輩方に、自分の芸を見てもらう、聞いてもらう姿勢を大切にしてください。

技芸を極める者として大切なことは、お習いするための心得として「素直さと謙虚さ」、さらに「見・聞・心」の姿勢で学ぶことです。

本質を学び、魅力や素晴らしさをしっかり理解した上で演じ、さらに資質の向上を図り、次世代へ正しく継承することが肝要であり、実演家に課せられた責務です。

組踊「執心鐘入」宿の女を演じる宮城能鳳氏〈2014年11月3日（月）国立劇場おきなわ 第九回宮城能鳳独演会「至藝の美」〉

継
心と技

琉球新報芸能面の連載
画「清ら星―伝統組踊
立方」の監修を務めた
城能鳳先生、眞境名正

―琉球大学に進学し、琉球芸能に出会われました。その後放送劇団で活躍し、1968年に真境名由康組踊会に入られます。由康師はどのような方だったのでしょうか。

戦前、名優が揃った人気劇団「珊瑚座」の座長を務めるなど、由康先生は雲の上の人で、弟子入りを躊躇していましたが、琉大郷土芸能研究クラブの顧問だった中今信先生からお声掛けを頂き、弟子入りすることができました。

由康先生は、組踊「雪払い」などの復活上演に取り組まれました。「私するなよ、みんなで残しなさい」と大局的な立場で物事を考え、組踊を後世に継承するようにと諭されました。

―国指定重要無形文化財「組踊」の保持者でつくる伝統組踊保存会の会長を、2013年度から20年度まで務められました。

伝統組踊保存会では、1989年度から定期公演を開始し、文化庁の助成で95年度から全国公演も始めました。同時期に組踊の上演演目数を増やすべく、上演が途絶えていた組踊の復活にも取り組みました。書き流しの状態で残る台本を整理し、舞台に上げられる台本にするため、対訳を付け、場割りをします。97年度の「巡見官」「雪払い」を皮切りに、これまで全30演目を舞台に上げました。全て映像で保存してあります。

―あらためて琉球芸能、中でも組踊はご自身にとってどういうものでしょうか。

組踊は、踊り、歌三線から衣装や道具にまで沖縄の文化が詰まっています。沖縄芝居や歌劇をはじめとする、沖縄の諸芸能の根元になっているとも言えます。

今や国の重要無形文化財に指定され、国連教育科学文化機関（ユネスコ）の「無形文化遺産」にも登録されました。格式ある芸能として、若い人たちも誇りを持って取り組める環境ができています。

それらは、沖縄芝居隆盛の時代にも、「組踊をやらないといけない」と強い意志を持ち継承に尽くしてきた由康先生ら先達をはじめ、琉球芸能の素晴らしさを発信してきた折口信夫氏などの研究者や、山里永吉氏ら多くの文化人のおかげだと思います。

根がしっかりしないと枝葉は枯れていきます。沖縄の芸能に関わる人々が、共に大事にすべきものです。

―今後、組踊の担い手が継承のために大切にすべきことをご助言ください。

舞台数の増加とともに、立方の経験値も増え、全体稽古が数回で終わることもあり、全体のレベルが上がってきました。ただし、稽古をする人と、そうでない人の差も出てきています。人の稽古を見て、聞いて、話を聞くことが肝要です。

また、先輩は後輩に「稽古に行っているか」と声をかけてあげてください。私も真境名由康組踊会で、いつも声をかけてくれる先輩がおり、そのおかげで稽古に通い続けることができました。伝統は舞台に立つ人と、見る人両方で培い、次の世代に繋いで行くものです。組踊の担い手が増えた今、その価値が人々に伝わるよう、気概を持って、芸の向上に取り組んでもらいたいです。

眞境名正憲氏
まじきな・せいけん

1956年琉球大学在学中に阿波連本啓、後に眞境名由康に師事し組踊と琉球舞踊を学ぶ。86年重要無形文化財「組踊」保持者（総合認定）。2013〜21年まで重要無形文化財「組踊」保持者でつくる伝統組踊保存会会長を務めた。

組踊「護佐丸敵討」あまおへを演じる眞境名正憲氏〈2019年3月5日（火）浦添市てだこ小ホール　伝統組踊保存会　記録撮影より〉

国指定重要無形文化財「組踊」（総合認定）保持者一覧

島袋正雄 ◆歌三線（保持者）

眞境名正憲

1986年
認　定

久田友栄

1972年
認　定

岸本吉雄

親泊久玄

真境名盛明 ◆立方（保持者）

勝連盛重

真境名由康 ◆立方（保持者）

山内昌行

宮城能鳳

宇根伸三郎

平良雄一

島袋光裕

富川盛良

金城清一

真喜志康忠

宮里春行

親泊興照

大城助吉

金武良治

武富良規

大湾ユキ ◆箏曲（保持者）

宮城能造

照喜名朝一

宮城能史

島袋光晴

城間千鶴

金武良章

上地源照

宮城美能留

平田行正

大浜長栄 ◆笛（保持者）

西島宗二郎 ◆歌三線（保持者）

◆箏曲（保持者）
高良時江

比嘉常俊

比嘉良雄

国場徳八

松田健八

◆胡弓（保持者）
銘苅春政

前川朝文

高江洲清勝

◆笛（保持者）
小波本直俊

城間徳太郎

◆太鼓（保持者）
喜舎場盛勝

金城武信

島袋光尋

嘉数世勲

安富祖竹久

宇座嘉憲

知花清秀

赤嶺正一

大湾清之

◆箏曲（保持者）
多和田スミ

2001年
認　定

島袋英治

◆歌三線（保持者）
玉城政文

◆胡弓（保持者）
山内秀雄

棚原靖子

◆歌三線（保持者）
久高將喜

玉城正治

新垣万善

1997年
認　定

宮城　文

照屋勝義

喜瀬慎仁

運天政宣

◆立方（保持者）
比嘉丈芳

◆太鼓（保持者）
島袋光史

国指定重要無形文化財「組踊」（総合認定）保持者一覧

勝連繁雄
◆歌三線（保持者）

比嘉康春

儀保政彦

安里ヒロ子

大城米雄

砂辺孝真

宮城正子
◆箏曲（保持者）

海勢頭あける

上地尚子

喜友名朝宏

糸数昌治

山内照子

嘉手苅林一

上原綾子

西江喜春

銘苅盛隆

宮城秀子

真境名律弘

新城清弘
◆胡弓（保持者）

金城清雄

新地孝一

知念久光
◆笛（保持者）

大城長俊
◆歌三線（保持者）

宇保英明
◆笛（保持者）

中村一雄

照喜名進

2015年
認　定

首里良三

2008年
認　定

宮城康明

仲嶺伸吾

玉城盛義
◆立方（保持者）

山城　暁

糸数昌益
◆立方（保持者）

新城幸子
◆箏曲（保持者）

稲嶺盛律

2022年
認　定

前原信喜

2019年
認　定

仲嶺貞夫
◆箏曲（保持者）

島袋　功

金城陽一
◆立方（保持者）

末吉政利

大湾三瑠
◆立方（保持者）

名嘉ヨシ子

野里葉子
◆箏曲（保持者）

親泊久玄

赤嶺和子
◆箏曲（保持者）

平田智之

島袋八重子

金城盛松
◆太鼓（保持者）

石川直也

神谷和枝

上間克美
◆歌三線（保持者）

上地七重

宮城英夫
◆笛（保持者）

宇座仁一

上地律子

上間宏敏

崎原盛勇
◆胡弓（保持者）

祖堅信義
◆胡弓（保持者）

池原憲彦
◆歌三線（保持者）

宮里秀明

大湾朝重

比嘉　聰
◆太鼓（保持者）

仲宗根盛次

上地正隆

あとがき

本書「清ら星　伝統組踊の立方」は、『琉球新報』の芸能面での連載として、2020年のコロナ禍でさまざまな文化芸術活動が停滞する中、組踊の魅力を発信しファン層の拡大をめざし企画されました。県内外の舞台公演で活躍し、組踊上演400年に向けて次の100年をつくり上げていく中堅・若手の琉球芸能の男性実演家（立方）に焦点を当て、組踊の魅力、実演家個人の魅力を、最大限にお伝えしようというものでした。

感染症対策による劇場の閉鎖、舞台公演の中止が最初に解除されたころで、客席入場者数は半分以下に制限され、またいつ公演が中止になるかわからない状況の時期でした。最初の撮影が2020年12月、紙面連載が2021年1月8日よりスタート、途中何度かのお休み期間を経て、2022年9月16日に終了しました。コロナ禍で出演者の皆さんと会う機会が少なくなっていたため、楽屋での扮装支度中の近況報告やお喋り、撮影は非常に楽しみな時間でした。撮影では、組踊の演目の中から1役を演じてもらうのですが、相手役もおらず一人でさまざまなシーンを演じ、表現していただくなど、組踊公演ではありえない環境で大変なご苦労をおかけしました。連載も無事に終了し、本書が発刊されるにあたり、あらためてお礼申し上げます。

本書の発刊、撮影に伴い、ご多忙の中、監修を務めていただきました宮城能鳳先生、眞境名正憲先生、親泊興照先生に心から感謝申し上げます。また連載の企画から撮影の日程、段取り調整をはじめ、記事の執筆を担当した藤村謙吾記者、企画立案の内間安希さん、小道具の貸し出しなど協力いただいた伝統組踊保存会様、撮影用に舞台を整えていただいた琉球新報ホールスタッフの皆様、ご協力いただいた各実演家所属の流会派の先生方、琉球新報社職員の皆様、誠にありがとうございました。

本書が組踊への興味、観劇のきっかけになれば幸いです。ぜひ劇場に足を運んでいただき、地謡の生の音楽、躍動する立方の演技を体感し、組踊のファンになっていただきたいです。

大城　洋平（おおしろ・ようへい）

フリーカメラマン・舞台写真家。沖縄県宜野湾市出身、1978年生まれ。報道カメラマンである父親の影響で小さい頃からカメラに触れる。舞台写真家として、組踊、琉球舞踊、沖縄芝居、琉球古典音楽など琉球芸能の舞台撮影を中心に活動。2014年「琉球舞踊と組踊」写真展、2018年に父・大城弘明との二人展「琉球芸能の足跡」写真展。2021年玉城和樹、川満香多と三人会「琉球芸能公演×写真展」を琉球新報ホールとギャラリーで開催。

《参考文献》
「ユネスコ無形文化遺産登録　世界の至宝 組踊」（琉球新報社編）／琉球新報紙面〈連載「清ら星 伝統組踊の立方」（2021年1月～22年9月の計15回）／国指定重要無形文化財「組踊」保持者の追加認定発表記事（2015年、2019年、2022年）〉

琉球新報創刊130年記念
清ら星 伝統組踊の立方

発行日　2023年 12月8日 初版第一刷発行
　　写真 大城 洋平　　文 藤村 謙吾
発行者　普久原　均
発　行　株式会社 琉球新報社
〒900-8525
沖縄県那覇市泉崎 1－10－ 3
琉球新報社統合広告事業局・出版担当
発　売　琉球プロジェクト
電話 098-865-5100
制　作　新星出版 株式会社
特別協賛　医療法人 陽心会

ISBN978-4-86764-014-2 C0074